Caderno de Trompete

Fernando Dissenha

Nº Cat. 401-M

Irmãos Vitale S/A Indústria e Comércio
Rua França Pinto, 42 - Vila Mariana - São Paulo
CEP. 04016-000 - Fone: 11 5081-9499 - Fax: 11 5574-7388

© Copyright 2008 by Irmãos Vitale S.A. Indústria e Comércio.
Todos os direitos autorais reservados para todos os países. *All rights reserved.*

CIP-BRASIL. CATALOGAÇÃO NA FONTE
SINDICATO NACIONAL DOS EDITORES DE LIVROS - RJ.

D64s

Dissenha, Fernando, 1968-
Sopro Novo Bandas Yamaha : caderno de trompete / Fernando Dissenha. - São Paulo : Irmãos Vitale, 2008.
40p. : il., música + CD

Acompanhado de CD
ISBN 978-85-7407-237-1

1. Trompete - Instrução e estudo.
2. Trompete - Métodos.
3. Partituras.
    I. Yamaha Musical do Brasil.
    II. Título.
    III. Título: Caderno de trompete.

08-3538.   CDD: 788.92
                                           CDU: 780.64

CRÉDITOS

Projeto gráfico: DÉBORA FREITAS
Capa e fotos: NELIZE PEREIRA LIU
Revisão ortográfica: MARCOS ROQUE
Coordenação do Programa Sopro Novo Bandas: CRISTAL ANGÉLICA VELLOSO
Coordenação editorial: FLÁVIO CARRARA DE CAPUA
Produção executiva: KENICHI MATSUSHIRO (Presidente da Yamaha Musical do Brasil)
         FERNANDO VITALE

GRAVAÇÃO

Edição, mixagem e finalização do CD: RICARDO RIGHINI (Fator-R)
Estúdio: JABURÚ - São Paulo/SP (gravado em janeiro de 2008)
Arranjos: CLAUDIO HODNIK

ÍNDICE

Prefácio.. 4	**Capítulo 9 - Estudos**
Agradecimentos... 5	Objetivo.. 21
Introdução.. 6	Melodia.. 21
	CD.. 21
Capítulo 1 - Aspectos Básicos	Outras atividades... 21
Postura das mãos e dos dedos..................... 7	*Coral Cantata 32 - J. S. Bach*..................... 22
Dedilhado.. 9	*Estudo 1*.. 22
	Estudos 2 e 3.. 23
Capítulo 2 - Fundamentos	*Estudo 4*.. 24
Importância... 10	*Estudos 5 e 6*.. 25
Trompete em Si♭.. 10	
Roteiro.. 10	**Capítulo 10 - Duetos**
Solfejo e *buzzing*....................................... 10	Objetivo.. 26
Pedais.. 11	Descrição... 26
Ritmo... 11	Como praticar... 26
Afinação.. 11	Outras atividades... 26
Articulação.. 11	*Minueto - Christian Petzold*....................... 27
Uso do CD.. 11	*Polonaise*.. 28
	Musette.. 29
Capítulo 3 - Notas Longas	
Exercícios 1 e 2... 12	**Capítulo 11 - Solos**
	Objetivo.. 30
Capítulo 4 - Estudos de Fluência	*Ária - J. S. Bach*.. 31
Exercícios 1 a 6... 13	*Ária*... 31
Exercícios 7 a 9... 14	*Coral da Cantata 140 - J. S. Bach*............. 32
Capítulo 5 - Pedais................................. 15	**Capítulo 12 - Solo com Banda**
	Objetivo.. 33
Capítulo 6 - Flexibilidade..................... 16	Solo.. 33
	Como praticar... 33
Capítulo 3 - Articulação	*Quem Sabe? - Carlos Gomes*..................... 34
Exercícios 1 e 2... 17	
Exercício 3... 18	**Breve História do Trompete**................ 36
Exercício 4... 19	**Bibliografia**... 37
	Biografia.. 38
Capítulo 8 - Intervalos........................... 20	

PREFÁCIO

A Yamaha Musical do Brasil, através do Programa Sopro Novo Bandas, oferece a todos os instrumentistas brasileiros a oportunidade de participação em *workshops*, palestras e recitais com renomados artistas.

Proporcionar a estudantes de música um contato mais estreito com músicos cujas atividades artística e pedagógica sejam efervescentes tem sido o nosso objetivo, porém, sentimos a necessidade de fazer mais ainda. Sendo assim, disponibilizamos um conteúdo de exercícios, repertório e, principalmente, uma referência auditiva para que o estudante possa progredir de forma mais eficiente, otimizando tempo e esforço.

Criamos o *Caderno de Trompete – Sopro Novo Bandas Yamaha* elaborado pelo professor Fernando Dissenha em parceria com o maestro Claudio Hodnik.

No CD, gravado com trompetes Yamaha, o estudante tem acesso a peças de níveis fácil, intermediário e avançado.

Nossa pretensão é presentear a todos com um trabalho consistente, de bom gosto e com acuidade pedagógica.

Somos meros colaboradores, porém, estamos fazendo nossa parte com dedicação e empenho. Essa é a nossa missão educacional.

Estamos orgulhosos e felizes em poder trabalhar com excelentes profissionais e poder conviver com pessoas tão especiais.

O Programa Sopro Novo Bandas progride graças à extrema dedicação de profissionais como os autores deste Caderno.

Acreditamos que este trabalho contribui de maneira consistente para a melhoria da *performance* de estudantes e de músicos amadores que mantêm em seus corações a eterna sede de fazer música.

Aproveite!

Cristal Angélica Velloso
Coordenadora de Difusão Musical
Yamaha Musical do Brasil

AGRADECIMENTOS

A Deus, pelas bênçãos.

Aos meus pais, pelo incentivo.

A minha esposa Susana, pelo amor, pelo apoio e pelas sugestões.

Aos meus professores, pelos ensinamentos.

A todos os alunos, pela inspiração para buscar novas abordagens.

Ao sr. Kenichi Matsushiro, pelo convite para trabalhar com a Yamaha.

A Cristal, pela amizade e pela paciência.

A todos os colegas da Yamaha que ajudaram na elaboração deste Caderno.

Ao Claudio, pelos arranjos criativos.

Ao grande amigo Ricardo Righini, pelo excelente trabalho na finalização do CD.

Introdução

É com satisfação que apresento o *Caderno de Trompete* criado para a Yamaha Musical do Brasil como parte do Programa Sopro Novo Bandas. Elaborado especificamente para os *workshops* de trompete, este material também é indicado a estudantes e a profissionais que buscam maiores conhecimentos no assunto. Este Caderno é dividido em cinco partes: Aspectos Básicos, Exercícios, Estudos, Duetos e Solos.

Os "Aspectos Básicos" abordados se referem à postura das mãos e dos dedos (segurar e dedilhar o instrumento). No capítulo seguinte, o trompetista encontrará explicações e vários exercícios que tratam de fundamentos. Esses conceitos são reforçados nos "Estudos", que consistem de pequenas variações sobre um coral de Bach, fonte inesgotável de material pedagógico para todos os instrumentos.

O capítulo "Duetos" tem a função de desenvolver articulação, balanço, ritmo, afinação, fraseado e leitura musical. Foram incluídos três solos simples que podem ser praticados por instrumentistas de diversos níveis. Esses solos são essenciais no desenvolvimento artístico do trompetista. Além disso, foi incluído um solo com acompanhamento de banda, que é o enfoque principal do Programa Sopro Novo Bandas. Por fim, o Caderno traz ainda uma breve história do trompete e uma bibliografia.

Outro aspecto importante no material é a inclusão de um CD com faixas de demonstração e outras para a prática individual. Trata-se de uma característica inovadora em publicações brasileiras para trompete. O uso desse recurso didático estimula o estudo, tornando-o mais interessante, divertido e eficiente.

Dúvidas quanto aos conceitos contidos neste material podem ser solucionadas pessoalmente nos *workshops*. Aos demais trompetistas, sugiro a leitura atenta dos textos que precedem cada capítulo. Havendo necessidade de outros esclarecimentos, proponho consultar um bom professor. O propósito é que cada capítulo seja estudado de acordo com as necessidades individuais do músico.

Minha esperança como *trumpet clinician* da Yamaha Musical do Brasil é que a abordagem, o ineditismo e a qualidade do material auxiliem da melhor forma todos os participantes dos *workshops*, e todos os trompetistas brasileiros de diversos níveis. Essa é também a expectativa da Yamaha Musical do Brasil, que ao promover tão nobre iniciativa contribui de forma marcante para a difusão e o desenvolvimento cultural do nosso país.

Bons estudos,

Fernando Dissenha

Capítulo 1 - Aspectos Básicos

Postura das mãos e dos dedos

De forma suave, sem tensão ou rigidez, usamos a mão esquerda para segurar o trompete. A força para segurar o instrumento deve ser suficiente para mantê-lo numa posição equilibrada e estável, pois isso trará conforto e eficiência na utilização dos dedos.

Convencionamos numerar os pistões da seguinte maneira: 1 é o mais próximo do instrumentista, 2 é o do meio e 3 é o mais distante.

O polegar e o anular da mão esquerda ajustam a afinação das notas que utilizam, respectivamente, os pistões 1 e 3. Para esse fim, quase todos os trompetes são fabricados com ganchos, anéis ou gatilhos. Com relação aos dedos indicador, médio, anular e mínimo, sugiro que se mantenham juntos, pois essa é a posição natural dos dedos em repouso.

A mão direita também deve ficar relaxada e o seu polegar deve ficar em posição que não dificulte a abertura da volta do pistão 1. Imagine os dedos da sua mão direita em repouso e simplesmente coloque o indicador, médio e anular, respectivamente, em cima dos pistões 1, 2 e 3. Qualquer excesso de tensão afetará diretamente o controle, a eficiência e a velocidade do acionamento dos pistões.

A mão direita segura o instrumento em alguns momentos em que a surdina é colocada ou quando há necessidade de algum efeito com a mão esquerda na campana. Para isso, os trompetes têm o gancho do dedo mínimo. O ideal é que esse dedo descanse em cima do gancho, especialmente para passagens rápidas. Porém, se não houver excesso de tensão, o dedo mínimo pode permanecer dentro do gancho.

Dedilhado

Observe, a seguir, o dedilhado tradicional que aparece em cima das notas. Existem ainda posições alternativas, as quais podem ser vistas embaixo das notas (entre parênteses). O dedilhado tradicional soa melhor e mais equilibrado na maioria dos instrumentos, mas é essencial conhecer outras opções para tocar as notas, pois isso auxilia no ajuste da afinação e em algumas passagens rápidas. Essas posições variam de acordo com a relação trompete/bocal - especialmente no registro agudo. Experimente outros dedilhados e fique sempre atento à afinação e ao timbre das notas. O número 0 significa que nenhum pistão é pressionado.

Capítulo 2 - Fundamentos

Importância

Antes de iniciar os exercícios, sugiro observar o Caderno por inteiro e entender como ele foi organizado. Vai ser fácil perceber – pela quantidade de exercícios e pela ênfase dada a eles – que os fundamentos tratados aqui são parte essencial para que você obtenha sucesso no estudo e em todas as áreas que possam envolver a *performance* do trompete.

Fundamentos são os pré-requisitos para tudo o que desejamos tocar. Eles funcionam como um roteiro, um caminho conhecido de como iniciar corretamente a prática diária. Estabeleça como prioridade organizar seus estudos e efetivamente praticar os fundamentos. Isso pode ser difícil no começo, mas aos poucos, com uma prática inteligente e organizada, será possível saber o quanto e, principalmente, como devemos praticar os exercícios.

Trompete em Si♭

Recomendo a prática de exercícios de fundamentos no trompete em Si♭. Ele deve ser o primeiro instrumento de estudo, pois exige um controle maior do ar e ajuda os instrumentistas no desenvolvimento do "conceito do som", a assinatura sonora de cada indivíduo.

Roteiro

Para os que nunca estabeleceram um roteiro de estudo, recomendo a ordem de exercícios de fundamentos deste Caderno: notas longas, estudos de fluência, pedais, flexibilidade, articulação e intervalos. Cada tópico tem uma finalidade específica. Se um determinado fundamento funciona bem, passe adiante ou desafie as suas habilidades criando variações de tonalidades, andamentos ou articulações. Pratique os pontos em que você tem mais dificuldade. Alguns exercícios poderão demandar mais atenção, fazendo com que o tempo dedicado seja maior. O aprimoramento técnico e artístico dependerá sempre da capacidade do instrumentista em avaliar corretamente o que deve ser praticado.

Solfejo e *buzzing*

Antes de praticar os exercícios no trompete, recomendo a prática dos mesmos com o canto (solfejo) e somente com o bocal (*buzzing*). O solfejo é reconhecidamente essencial no que diz respeito à afinação, à musicalidade e ao estilo. O *buzzing* também é uma ferramenta importante para os instrumentistas de metal. Através dessa prática, podemos avaliar *in loco* como funcionam os dois "pilares" que sustentam toda a produção de som no instrumento: ar e vibração dos lábios.

Esses dois recursos podem ser usados para todo o tipo de prática. Sugiro o solfejo e o *buzzing* para os exercícios de notas longas, fluência, pedais e flexibilidade.

A prática do *buzzing* pode gerar algumas dúvidas. As mais comuns são:

Como segurar o bocal?

Segure o bocal com a mão esquerda com o polegar e o indicador. Assim, excessos de pressão do bocal contra os lábios serão evitados.

Qual o som ideal para o *buzzing*?

Busque um balanço entre ar e tensão dos lábios. Muito ar faz o som ficar sem foco. Em outras palavras, não sopre muito forte. Por outro lado, se tencionar demais os lábios, o som ficará "apertado". Ou seja, um som sem harmônicos e sem "corpo".

Qual a dinâmica que devo praticar?
Não recomendo a prática do *buzzing* acima de um *mezzo forte*.

Devo praticar o *buzzing* diariamente? Por quanto tempo?
O *buzzing* pode ser praticado diariamente. Porém, recomendo seções curtas de 1 a 2 minutos, sempre com descanso adequado. A prática errada e/ou excessiva do *buzzing* pode gerar efeitos contrários e prejudicar o instrumentista.

Pedais

Os pedais são importantes ferramentas para o aprimoramento da respiração, da vibração dos lábios, da redução da tensão e, por conseqüência, da melhoria da extensão.

Ritmo

É importante verificar constantemente se o que tocamos está ritmicamente correto. O metrônomo pode e deve ser usado para quase tudo o que é praticado, até mesmo em exercícios líricos. A função da prática "ritmicamente vigiada" não é fazer com que tudo soe rigidamente em tempo, mas sim, que você saiba sempre avaliar e coordenar seu ritmo em uma determinada passagem musical. Dessa maneira, você pode identificar e corrigir os problemas, e também saber onde tomar liberdades rítmicas para tornar a música mais interessante, de acordo com o estilo da obra.

Afinação

A afinação também deve ser aferida regularmente. Ressalto, novamente, a importância da prática do solfejo. Quando o instrumentista ouve e canta os intervalos afinados, as chances de soar afinado no trompete serão bem maiores. Recomendo usar o afinador para testar as notas críticas do instrumento. Um teclado também auxilia nessa tarefa.

Articulação

Observo, nos *workshops*, como vários trompetistas têm dificuldade para articular notas com mesma duração, intensidade e mesmo peso. Use a língua para definir o início da primeira nota em todos os exercícios de articulação e intervalos. As consoantes "t" e "d" são as mais indicadas para iniciar as notas com clareza e precisão. O conceito mais importante é o de manter um fluxo de ar contínuo – sem interrupções – para as semicolcheias. Para obter isso, a língua deve sempre executar movimentos de pequena amplitude. Pratique os exercícios de maior dificuldade e toque o instrumento com dinâmicas suaves.

Uso do CD

O CD que faz parte deste material traz acompanhamentos que tornarão seus estudos mais produtivos e divertidos. Use a base rítmica e a base harmônica de cada faixa para assegurar que a duração e a afinação das notas estão corretas. Se desejar, transponha os exercícios e altere os andamentos. Se fizer isso, não se esqueça de usar sempre seu metrônomo e alguma ferramenta, além de seu próprio solfejo, para aferir a afinação.

Todas as faixas do CD foram gravadas usando como referência Lá=442Hz e cada exercício possui duas versões: uma faixa em que o exercício é demonstrado e uma faixa para você tocar. Não há necessidade de tocar todas as faixas, nem todos os exercícios. Use o bom senso e escolha o que realmente você precisa praticar. Se precisar descansar ou repetir algo, faça as devidas pausas. O objetivo não é simplesmente tocar juntamente com o CD o tempo todo. O propósito dele é auxiliar o trompetista para tornar a prática mais eficiente e, por conseqüência, soar melhor.

As faixas solo são iniciadas exatamente como estão no caderno, mas as faixas *playback* são iniciadas com algumas pulsações extras para você se sincronizar com o andamento do exercício ou da música.

CAPÍTULO 3 - Notas Longas

Pratique cada compasso da seguinte maneira: com canto (solfejo), com o bocal (*buzzing*) e, posteriormente, com o trompete. Recomendo que todas as primeiras notas sejam produzidas da forma mais suave e eficiente possível. A quarta nota de cada compasso deve descer meio tom (*bending*) com a mesma posição das três primeiras. Tenha certeza de que o ar está fluente e os cantos da boca firmes.

Capítulo 4 - Estudos de Fluência

Pratique cada compasso da seguinte maneira: com canto (solfejo), com o bocal (*buzzing*) e, posteriormente, com o trompete. Recomendo que todas as primeiras notas sejam produzidas da forma mais suave possível. O objetivo é emitir o som de maneira eficiente e conectar todas as notas com qualidade. De acordo com sua habilidade ou necessidade, transponha para outras tonalidades.

Exercício 7

Exercício 8

Exercício 9

O registro agudo deve ser explorado com prudência. Jamais force o som, e pratique as notas até o limite confortável e produtivo.

Capítulo 5 - Pedais

Use a referência da primeira nota para ajustar a afinação das notas pedais, especialmente a partir do Fá natural. Tenha paciência para trabalhar esse registro. Se algumas notas não soarem bem, pratique-as com solfejo e, posteriormente, com o bocal (*buzzing*).

CAPÍTULO 6 - Flexibilidade

Pratique os exercícios seguintes com o bocal (*buzzing*) para verificar se o ar e a vibração dos lábios funcionam corretamente. É fundamental manter a fluência do ar e modular as notas de forma mais precisa possível. A mudança de uma nota para outra acontece no último instante – sem *glissando*. O uso do metrônomo é essencial. Descanse o necessário após cada grupo de duas linhas, repetindo algum compasso se houver necessidade. De acordo com sua habilidade ou necessidade, transponha para outras tonalidades.

CAPÍTULO 7 - Articulação

Tenha certeza de que o ar não será interrompido em nenhum momento. Todas as semicolcheias devem ter a mesma articulação, a mesma dinâmica e a mesma duração. O uso do metrônomo é essencial. De acordo com sua habilidade ou necessidade, transponha para outras tonalidades e altere os andamentos. O objetivo é desenvolver uma articulação simples, leve e rápida.

Exercício 3

Busque no registro grave a mesma qualidade de articulação obtida nos exercícios anteriores.

31 Solo

32 Playback

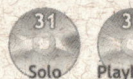

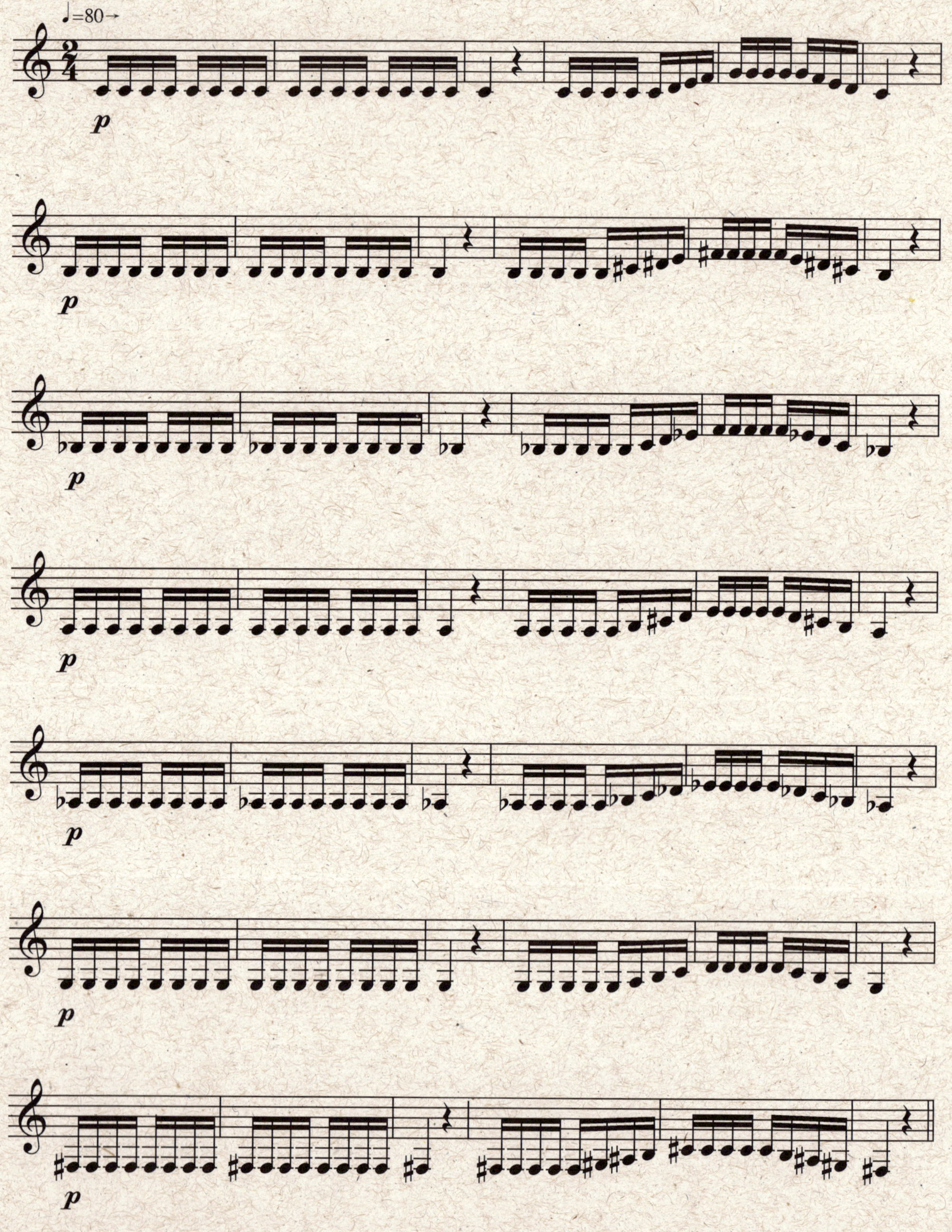

Exercício 4

O registro agudo deve ser explorado com prudência. Jamais force o som, e pratique as notas até o limite confortável e produtivo.

CAPÍTULO 8 - Intervalos

Para o exercício de intervalos, o objetivo é obter uma sonoridade homogênea. Todas as colcheias devem ter a mesma articulação, a mesma duração e o mesmo peso. Pense em uma frase musical de dois compassos. Isso ajuda na fluência do exercício. O uso do metrônomo é essencial. De acordo com sua habilidade ou necessidade, transponha para outras tonalidades e altere os andamentos.

Capítulo 9 - Estudos

Objetivo

O trecho adiante é um excelente exemplo da genialidade de Johann Sebastian Bach. Nos seis pequenos estudos incluídos neste Caderno, você poderá praticar, de forma musical, os conceitos vistos nos exercícios de notas longas, fluência, flexibilidade, articulação, intervalos e pedais. É o momento de aplicar uma abordagem musical aos tópicos vistos nos capítulos anteriores.

Melodia

A melodia foi extraída do coral da "Cantata 32" – voz soprano – e serve de base aos seis estudos. Em primeiro lugar, você deve praticar a melodia original para ter uma noção exata do tamanho e da forma das frases. A melodia é simples, porém, linda e expressiva.

Cada estudo abordará um ou mais fundamentos:

Estudo 1 – notas longas/*bending*.
Estudo 2 – estudos de fluência.
Estudo 3 – flexibilidade.
Estudo 4 – articulação.
Estudo 5 – intervalos.
Estudo 6 – registro grave/pedais.

CD

O uso do CD que acompanha este Caderno auxiliará na prática dos estudos. Pratique também em outras tonalidades e andamentos, e use sempre seu metrônomo ou alguma ferramenta além de seu próprio solfejo para aferir a afinação.

Outras atividades

A expectativa é que essa forma de praticar os fundamentos seja usada para outros materiais: solos, música de câmara e repertório de banda ou orquestra. Além do mais, a criação de variações estimulará o músico a compor exercícios específicos que atendam às suas necessidades individuais.

Dê um caráter vocal a esta melodia. Respire sempre nos locais indicados e faça a linha melódica fluir até a próxima respiração.

Coral da Cantata 32

J. S. Bach

Estudo 1

Aplique os mesmos conceitos utilizados nos exercícios de notas longas. Não se esqueça de que no *bending* as notas descem meio tom. Direcione a linha melódica para as respirações e mantenha sempre um caráter vocal.

Estudo 2

Mantenha a fluência do ar e a conexão das notas. Direcione a linha melódica para as respirações e mantenha sempre um caráter vocal. Como variação, pratique também sem as ligaduras, mas *tenuto* e *dolce*.

41 Solo 42 Playback

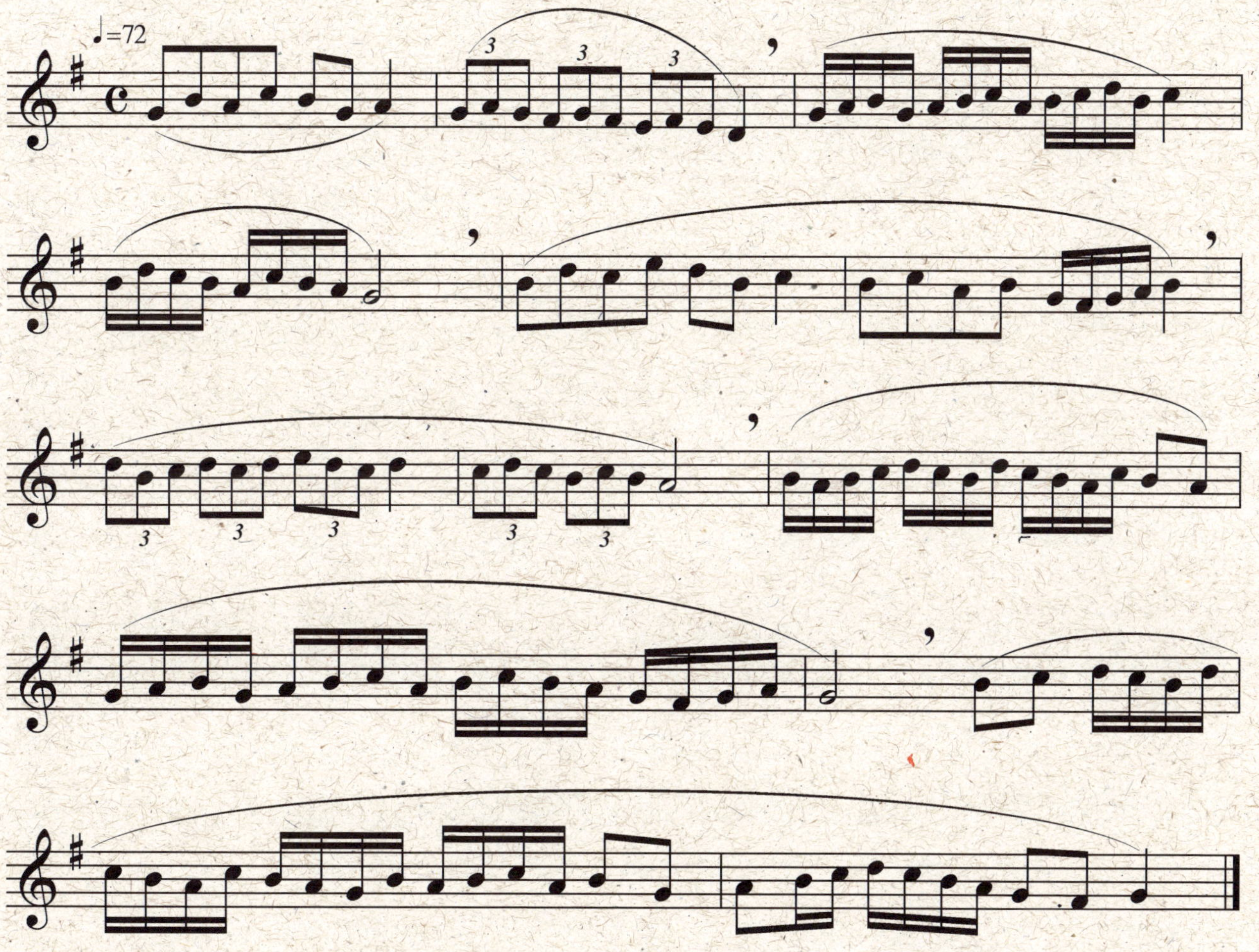

Estudo 3

Para trabalhar a flexibilidade, use o dedilhado sugerido. De acordo com sua habilidade ou necessidade, transponha para outras tonalidades e altere os andamentos.

43 Solo 44 Playback

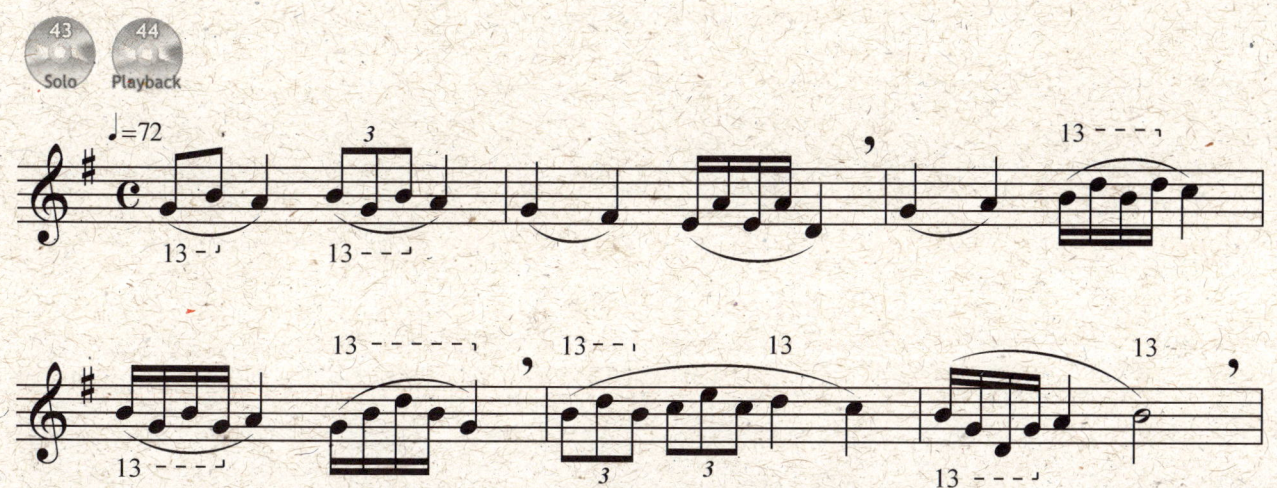

Estudo 4

Use a mesma abordagem dos exercícios de articulação: ar sem interrupções e todas as notas com a mesma dinâmica. O uso do metrônomo é essencial. De acordo com sua habilidade ou necessidade, transponha para outras tonalidades e altere os andamentos.

45 Solo 46 Playback

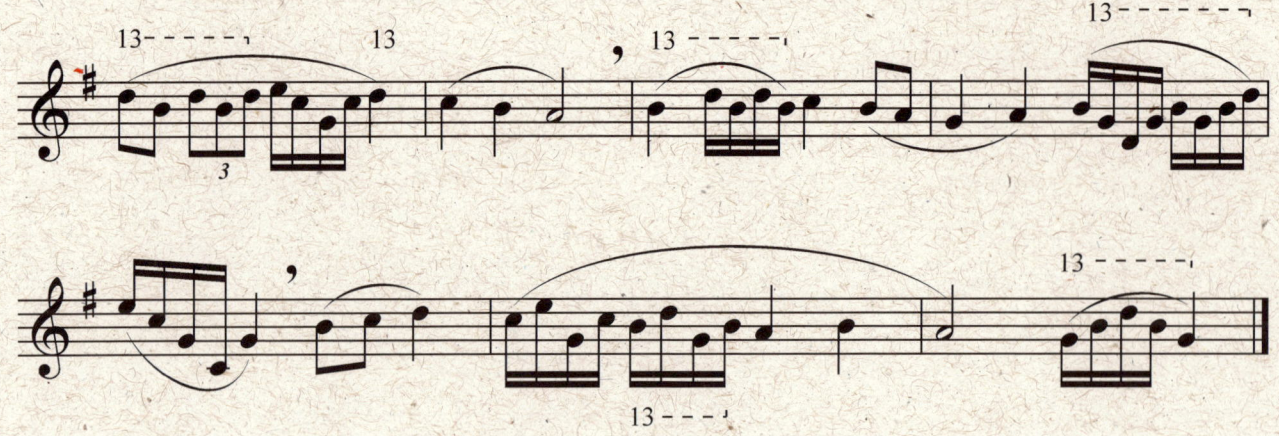

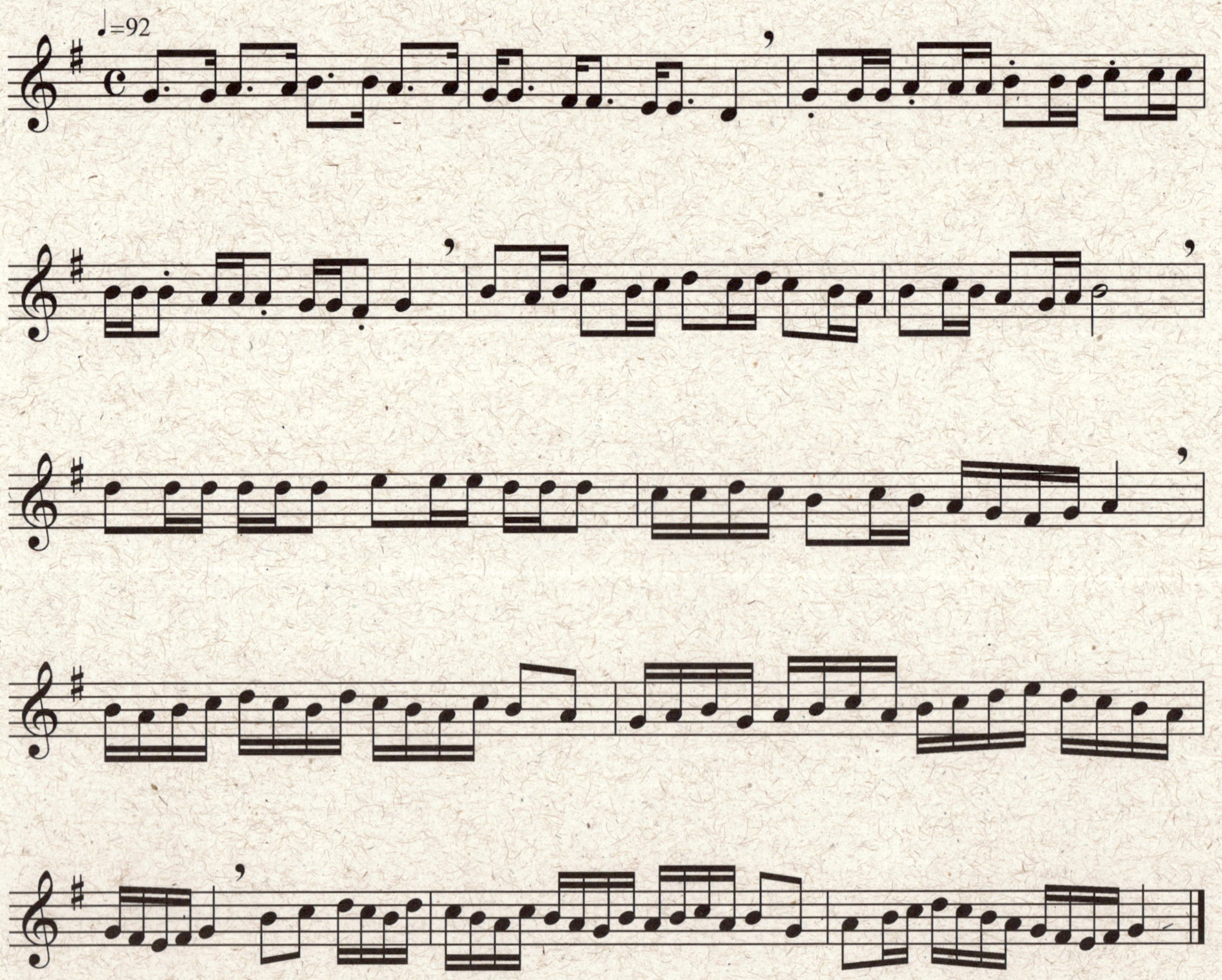

Estudo 5

Para a variação seguinte, que trabalha intervalos, busque uma sonoridade homogênea. O uso do metrônomo é essencial. De acordo com sua habilidade ou necessidade, transponha para outras tonalidades.

Estudo 6

O presente estudo é útil para a prática do registro grave e para notas pedais. Ele também pode ser usado como exercício de relaxamento após uma prática intensa ou após uma *performance* pesada. Tenha certeza de que todas as notas têm a mesma articulação e a mesma duração. De acordo com sua habilidade ou necessidade, transponha para outras tonalidades.

Capítulo 10 - Duetos

Objetivo

A prática dos duetos é muito benéfica a todos os instrumentistas, pois além de desenvolver os aspectos técnicos, essa atividade estimula o indivíduo a se "comunicar" musicalmente com outras pessoas. No caso específico de jovens instrumentistas, esse tipo de prática desenvolve a capacidade de ouvir e criar um padrão a ser imitado.

Descrição

Os duetos incluídos aqui são simples em estrutura e ritmo, justamente para que o trompetista tenha a oportunidade de prestar atenção aos fundamentos: som, articulação, duração das notas, afinação. Além disso, é interessante observar que a prática de duetos auxiliará também no desenvolvimento do estilo, do fraseado e da leitura à primeira vista.

Como praticar

Você terá duas formas distintas de praticar esses duetos: individualmente, utilizando o CD que acompanha este Caderno, ou com colegas instrumentistas.

Se resolver utilizar o CD, você terá uma versão com as duas vozes já gravadas para demonstração. Existe também a versão em que somente a 2ª voz está gravada, e você tocará a primeira. Quando tocar os duetos com um ou mais colegas, escolha uma das vozes e combine como iniciar e terminar os duetos. Sugiro que as vozes sejam freqüentemente alternadas. Um instrumentista toca a 1ª voz até o fim do dueto e alterna para a 2ª voz quando retornar *Da Capo*. Outra opção é alternar as vozes nas repetições. Encontre a melhor alternativa para o seu caso. Fique sempre atento à "comunicação" musical da outra voz, pois ela é a essência de boa música de câmara.

Outras atividades

Para os trompetistas mais avançados, sugiro a prática dos duetos em tonalidades distintas utilizando a transposição. Da mesma forma que sugeri na prática dos exercícios de fundamentos, utilize sempre o seu metrônomo para assegurar que o ritmo está sólido.

Por fim, não se limite a fazer duetos exclusivamente com trompetistas. Convide colegas que toquem outros instrumentos. É muito interessante observar como outros instrumentos soam e tentar imitar as qualidades de bons instrumentistas. Observe, por exemplo, a articulação e as nuanças de timbre de clarinetistas, o fraseado de oboístas e flautistas, ou a agilidade técnica dos saxofonistas. Esse tipo de prática expande nossos ouvidos em busca de novos sons e formas diferentes de tocar.

Veja, a seguir, algumas informações sobre os duetos deste Caderno:

Minueto

Minueto é uma dança em compasso de 3/4, de origem francesa e de caráter leve, gracioso e solene. O nome significa "dança de passos miúdos" (menus). O minueto surgiu no século XVII e se tornou muito popular no século XVIII. Vários compositores incluíram minuetos nas suas obras instrumentais.

Polonaise

A *polonaise* (polonesa ou polaca) é uma dança originária da Polônia, em compasso ternário e de andamento moderado. Beethoven usou essa dança em algumas obras, mas foi a partir de Chopin que a *polonaise* desenvolveu um estilo solene e se tornou muito popular em diversos países.

Musette

É um tipo de gaita-de-foles francesa. A *musette* também é uma ária ou dança escrita para imitar o som do referido instrumento. François Couperin e Johann Sebastian Bach, além de outros compositores, escreveram obras com esse nome para o cravo.

Neste primeiro dueto é essencial sentir a pulsação em 1, e manter a leveza e a elegância no estilo. A música deve ser direcionada ao primeiro tempo do compasso. É importante que a 2ª voz também auxilie esse movimento.

Minueto

Christian Petzold

Para o dueto seguinte é importante manter o valor integral das notas e dar o peso adequado ao primeiro tempo de cada compasso. Devido à própria tonalidade, o caráter deve ser sóbrio. Ressalte o ritmo típico da *polonaise*:

Polonaise

Anônimo

O caráter do próximo dueto deve ser alegre, jovial. A música é sempre direcionada para o primeiro tempo de cada compasso. A 2ª voz é extremamente importante na manutenção do ritmo e do peso característico dos baixos, imitando uma gaita-de-foles.

Musette

Anônimo

Capítulo 11 - Solos

Objetivo

Este capítulo tem por objetivo criar um estímulo à prática de solos. Muitos trompetistas enfatizam somente os exercícios técnicos no estudo diário. Isso é importante, mas são as peças solo que fazem a diferença na vida artística e profissional dos instrumentistas.

É fácil observar a importância das peças nas provas para ingresso em universidades, orquestras ou bandas. O músico não é avaliado unicamente pela habilidade técnica na execução, mas, principalmente, pela capacidade de interpretar uma obra com um som bonito e um fraseado criativo. Evidentemente, não quero desvalorizar os estudos técnicos, porém, eles devem sempre servir à música.

O repertório solo deve ser uma prioridade na prática diária. O instrumentista deve ter pelo menos uma peça pronta para ser tocada a qualquer momento. Logo após os exercícios de fundamentos, o trompetista deve praticar algum solo, por mais simples que seja. O próximo passo – e o mais importante deles – é tocar para o público. Esse é o verdadeiro motivo de horas e horas de estudo, e é a nossa principal forma de comunicação. Pratique os solos a seguir e se tiver oportunidade pratique outros.

Incluí aqui três pequenas peças que auxiliarão a todos que não possuem material adequado à prática de solos. Veja adiante algumas informações sobre o repertório deste Caderno:

Ária – J. S. Bach

A peça consta do "Pequeno livro de Anna Magdalena Bach" (1725) – nome dado a dois cadernos manuscritos que Johann Sebastian Bach presenteou a sua segunda esposa, Anna Magdalena.

Ária – Anônimo

A obra também está no "Pequeno livro de Anna Magdalena Bach" (1725). Apesar de várias pesquisas, o autor da peça e de outras do livro permanece desconhecido. Provavelmente, seja uma canção popular da época.

Cantata 140 – J. S. Bach

A "Cantata 140 Wachet auf, ruft uns die Stimme" (Despertai, chama-nos a voz) é uma das obras mais conhecidas de Bach e se destaca pelas belas melodias.

É importante pensar em frases de 4 compassos e sustentar o valor integral das notas. O caráter desta ária deve ser solene, porém, a fluência das frases deve ser mantida.

Ária

J. S. Bach

A pulsação que parece se adequar melhor à próxima ária é um binário lento, pois isso oferece fluência às frases. Preste atenção à duração das notas ligadas e às interessantes modulações harmônicas.

Ária

Anônimo

O caráter lírico de "Cantata 140" exige que as frases sejam longas e as notas bem conectadas. Solfeje para descobrir o formato desejado para cada frase, especialmente às pequenas nuanças de dinâmica nos grupos de semicolcheias.

Coral da Cantata 140

61 Solo 62 Playback

J. S. Bach

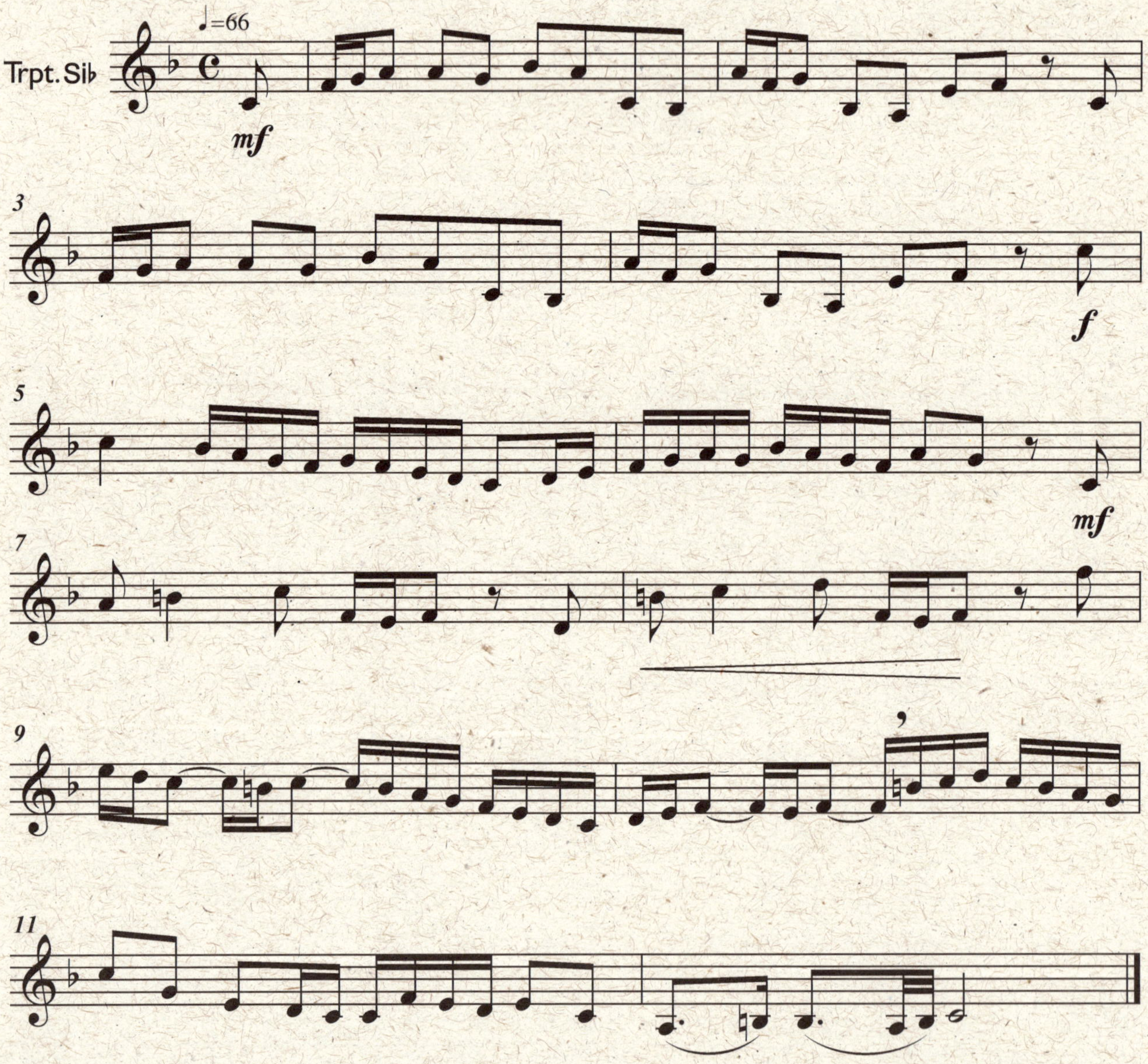

Capítulo 12 - Solo com Banda

Objetivo

Um dos principais focos do Programa Sopro Novo Bandas é contribuir para o desenvolvimento artístico dos instrumentistas. Uma das formas de se obter essa meta é estimular todos os tipos de *performance* artística com a sua banda ou grupo instrumental. O arranjo incluído aqui é acessível para jovens trompetistas. Se precisar, no entanto, faça as alterações e adaptações necessárias a sua habilidade e à instrumentação do seu grupo específico.

Solo

A modinha "Quem Sabe?" foi composta em 1859 por Carlos Gomes, com letra de Francisco Leite de Bittencourt Sampaio.

Antonio Carlos Gomes (1836-1896) nasceu em Campinas, no estado de São Paulo, e ficou reconhecido internacionalmente como compositor de óperas. "Quem Sabe?" lembra a origem interiorana de Carlos Gomes, as festas de salões e os saraus literomusicais – eventos freqüentes no Rio de Janeiro e São Paulo do século XIX. Encontramos ainda a influência do lirismo francês e das canções italianas.

A modinha é um tipo de canção tradicional urbana portuguesa. Após a chegada da Corte Imperial ao Brasil em 1808, esse estilo musical sofreu mudanças: os instrumentos de percussão e o violão foram substituídos pelo piano. Em virtude dessa transformação, a modinha passou a ser a música da aristocracia e se tornou essencial nos eventos importantes da nobreza.

Como praticar

Primeiramente, você deve solfejar a peça. Use um piano ou teclado para ter a referência correta da afinação das notas. É interessante, no solfejo, observar como o compositor delineou as frases. Isso irá auxiliar na compreensão musical da peça. Entenda ritmicamente os trechos mais difíceis.

O próximo passo será praticar o solo com o trompete. Se em algum instante houver dificuldade técnica, sugiro a prática do *buzzing*. Se tudo soar bem, pratique com o CD para se familiarizar com o arranjo, especialmente com a duração das fermatas dos compassos 42 e 45. É interessante também ouvir outras obras de Carlos Gomes para entender o estilo e a linguagem do compositor. Por fim, se houver oportunidade, toque com um grupo. Pequenos ajustes musicais serão ainda necessários, mas se a preparação foi disciplinada, você não terá problemas. A idéia é que a abordagem aqui sugerida sirva para outras ocasiões. Aprender uma nova obra é trabalhoso, mas devemos ter satisfação ao longo desse processo.

Quem Sabe?

Carlos Gomes

Quem Sabe?
Trpt. Sib

continuação

doloroso

Breve história do trompete

No início, as pessoas usavam a voz, as mãos ou os pés para criar sons. Em algum instante, descobriram que também poderiam emitir sons por meio da vibração dos lábios. Logo, notou-se que alguns objetos do dia-a-dia ajudavam a amplificar esses sons – fazer com que eles soassem mais fortes. No princípio foram utilizados chifres de animais e conchas.

Os primeiros tipos de instrumentos que lembravam o trompete de hoje surgiram na China há milhares de anos. Egípcios, hebreus, romanos e gregos construíram instrumentos que eram longos tubos feitos de metal com uma ponta que parecia um funil. Desde aquele tempo, o trompete era usado em ocasiões civis e militares para sinalizar, anunciar, proclamar, entre outros propósitos importantes.

Ainda na procura de um instrumento mais versátil, alguns inventores criaram um trompete com a forma da letra "S", mas logo abandonaram esse desenho em favor de uma volta alongada e cilíndrica. Esses longos tubos foram sendo substituídos por versões menores – como as cornetas – que produziam um som mais brilhante, bem adequado para ocasiões militares e festivas. O primeiro uso musical do trompete ocorreu há mais de 600 anos.

Em 1500, a cidade alemã de Nürenberg já era um grande centro de fabricação de instrumentos de metal e nesse período foram escritas as primeiras obras para o trompete. Apesar do som maravilhoso que esses instrumentos tinham, eles tocavam uma quantidade pequena de notas e não podiam modular para outras tonalidades sem que fossem adicionados tubos extras.

Até meados de 1750, o trompete só podia produzir as notas restritas à série harmônica. Alguns músicos estavam descontentes com isso. Na segunda metade do século XVIII, várias experiências interessantes foram feitas: mãos na campana (como na sonata de Beethoven para trompa), e o trompete de vara, que foi usado na Inglaterra e na França.

Uma terceira experiência tentada na época por vários trompetistas europeus foi o uso das chaves – como as do clarinete e do saxofone. Basicamente havia a corneta com chaves, tocada com duas mãos, e o trompete com chaves, que era tocado com a mão direita. O trompete com chaves foi o instrumento mais aperfeiçoado da época, pois possibilitava a emissão de outras notas além da série harmônica do instrumento. O responsável por esse desenvolvimento foi o trompetista vienense Anton Weidinger. Para ele, foram escritos os famosos concertos de Haydn e Hummel.

Até o final do século XVIII, a única forma de mudar a tonalidade do trompete era por meio de voltas adicionadas à tubulação do instrumento. Isso era desajeitado e só podia ser feito se existissem pausas longas no meio das peças. As chaves logo foram substituídas por outra invenção européia: os pistões. Esse novo invento não foi encarado com seriedade até o século XIX, quando a música escrita exigia que os instrumentos fossem capazes de produzir todas as notas da escala cromática.

O pioneiro no desenvolvimento dos pistões foi o alemão Heinrich Stolzel, por volta de 1815. Esses dispositivos utilizam o princípio de alterar o comprimento dos tubos do instrumento direcionando o ar para as voltas.

Outro "parente" da família dos trompetes é o *cornet*. Esse instrumento surgiu no início do século XIX da adição de pistões a um instrumento alemão chamado *posthorn* (corneta de carteiro). O *cornet* foi muito popular como instrumento de solo e em bandas, na Europa e nos Estados Unidos até o início do século XX. No final do século XIX, os trompetes com pistões já eram construídos em diversos tamanhos (afinações), o que expandiu o repertório do instrumento.

Hoje são fabricados trompetes em Si♭ (bastante populares em bandas), Dó (bastante populares em orquestras), Ré, Mi♭, Mi e Fá. Além disso, existem os instrumentos pequenos (chamados de *piccolos*) que têm toda a série harmônica transposta acima dos trompetes tradicionais. Os *piccolos* são construídos nas tonalidades de Sol, Lá, Si♭ e Dó.

Existem ainda os trompetes com rotores, que são os mesmos mecanismos utilizados nas trompas. Esses instrumentos são muito utilizados na Europa – especialmente Alemanha e Áustria – e por instrumentistas de orquestras sinfônicas. Normalmente, eles são usados para tocar obras dos períodos Clássico e Romântico.

BIBLIOGRAFIA

ARBAN, J. B. *Complete Conservatory Method for Trumpet*. New York: Carl Fisher, 1982.

CICHOWICZ, V. *Trumpet Flow Studies*. Evanston: Northwestern University. Material exclusivo da universidade.

CLARKE, H. L. *Technical Studies for the Cornet*. New York: Carl Fisher, 1984.

COLIN, C. *Advanced Lip Flexibilities*. New York: Charles Colin Music, 1980.

CONCONE, G. *Lyrical Studies for Trumpet*. Nashville: The Brass Press, 1972.

GEKKER, P. C. *Articulation Studies*. New York: Transition Publications, 1995.

_____. *Endurance Drills for Performance Skills*. New York: Transition Publications, 2002.

GOLDMAN, E. F. *Practical Studies for the Trumpet*. New York: Carl Fisher, 1921.

IRONS, E. D. *27 Groups of Exercises for Cornet and Trumpet*. San Antonio: Southern Music Co., 1966.

NAGEL, R. *Rhythmic Studies for Trumpet*. Brookfield: Mentor Music, Inc., 1976.

SCHLOSSBERG, M. *Daily Drills and Technical Studies for Trumpet*. New York: M. Baron Co.,1958.

SMITH, W. M. *Top Tones for the Trumpeter*. New York: Carl Fisher, 1936.

BIOGRAFIA

FERNANDO DISSENHA

Paranaense de São José dos Pinhais, Fernando Dissenha é *trumpet clinician* da Yamaha Musical do Brasil, e apresenta recitais e *workshops* por meio do Programa Sopro Novo Bandas. Mestre pela Juilliard School – onde foi aluno de Chris Gekker e Mark Gould – estudou também na Universidade de Hartford, como bolsista da Fundação Vitae. Ministrou cursos e *master classes* em diversas capitais, e nos festivais de Campos do Jordão, Jaraguá do Sul, Curitiba, Londrina, Gramado e na Universidade de Maryland. Foi professor na Escola de Música e Belas Artes do Paraná, no Centro de Educação Musical Tom Jobim e no Conservatório de Tatuí. Atualmente, leciona na Faculdade Cantareira, em São Paulo, e presta consultoria pedagógica ao Guri Santa Marcelina.

Fernando Dissenha é trompete-solo da Osesp desde 1997, e já realizou turnês pela América Latina, Estados Unidos e Europa. O primeiro trabalho solo de Dissenha – *Carambola* – foi descrito no *International Trumpet Guild* como "um disco maravilhoso". Dissenha também pode ser ouvido em diversas gravações da Osesp pelos selos Bis e Biscoito Fino, e no CD *Jobim Sinfônico*, disco que recebeu o *Grammy* Latino e foi nomeado para o 48º *Grammy*, na categoria de melhor álbum *crossover* clássico.

Dissenha foi solista da New York String Orchestra, no Carnegie Hall. O jornal *The New York Times* classificou a sua participação como "uma performance brilhante e virtuosa". Como vencedor do *Juilliard's Trumpet Concerto Competition* (1993), Dissenha executou o Concerto de Hummel. Atuou também como instrumentista convidado do *American Brass Quintet* como solista da Orquesta Sinfônica Venezuela e de diversas orquestras brasileiras. Por dez anos, foi trompetista da Orquestra Sinfônica do Paraná.

Fernando Dissenha iniciou os estudos de música com Pedro Vital, em São José dos Pinhais. Foi também aluno de Antônio Aparício Guimarães e de Edgar Batista dos Santos.

Visite o site
www.dissenha.com

CLAUDIO HODNIK

Formado em composição e regência pela Escola de Comunicação e Arte da Universidade de São Paulo, Claudio Hodnik transita com desenvoltura pelo universo da música erudita e da música popular. Trabalhou na Editora Irmãos Vitale, onde foi responsável por revisões de diversas partituras. Destacam-se também a idealização e a produção dos álbuns: *O melhor do choro brasileiro* (volumes 1, 2 e 3) e *O melhor de Chiquinha Gonzaga*. Revisou todos os álbuns lançados pela Editora Irmãos Vitale, dividindo a função com nomes como Carlos Lyra, Flávio Venturini, Vermelho, Nelson Faria e Pascoal Meirelles. Como compositor, Claudio Hodnik destaca-se com a versão para piano da música "Tormento D'amore" (Warner Chappell), que foi tema principal da novela *Terra Nostra*. Lançou no mercado fonográfico o CD *Mosaico*, da cantora Tutti Baê, pela Vitale Records. Desde 2007, atua como arranjador dos livros do Programa Sopro Novo, da Yamaha Musical do Brasil. Atualmente, Claudio Hodnik é coordenador dos livros da Editora Melody.